ELSINOR
VERLAG

Petra Fietzek

Mein Wintergesicht ins helle Licht gelegt

Gedichte vom Glauben und Zweifeln

Elsinor

Bibliografische Information der Deutschen Nationalbibliothek
Die Deutsche Nationalbibliothek verzeichnet diese Publikation in der Deutschen Nationalbibliografie; detaillierte bibliografische Daten sind im Internet über www.dnb.de abrufbar.

1. Auflage 2024

Umschlag und Satz: Elsinor Verlag, Coesfeld

Printed in Germany
ISBN 978-3-942788-87-8

INHALT

I. Vom Herumtreiben

II. Von Schneeschmelze

III. Vom Heimkommen

I.

Vom Herumtreiben

Rühre mich an

Mit Leuchtfarben baumwollener Stoffe
Mit dem Lächeln eines sterbenden Kindes
Mit maurischem Honig
Mit tosender Gischt
Mit Schneestürmen im Gebirg
Mit dem Locklied des Buchfinks
Mit dem Lichtspiel Deiner Lüfte

Mit Deinem Geist
mit Deinem
schaffenden
sprudelnden
quellenden Geist
rühre mich an
in meinem alten Kerker
zertrümmre eingefleischte Mauern mir
segne mein Ungestüm

Komm Du

Ausgebrannt
die Lampe meines Zeltes

In aufgeplatzten Wunden
der Verletzung Herz

Komm Du
komm
der Du das Dunkel suchst*

Sprich leis mir
Liebesworte zu
in die Mulde meines Ohres

Streif meine Fingerkuppen
mit Deiner Atemhaut

Entzünd das Dunkel mir
mit Deinem Hell

*1 Kön 8,12

Bahnhofsvorplatz

Du streichst mein Filzfell
meine Bettlerfüße
mein Blindsein streichst
mit Deinem Speichel Du

Du bückst Dich nach
meinem Schmerz

Du bückst Dich nach
meinem verdorrten Gebein

Du bückst Dich nach
meinem Fremdsein in mir

Du bückst Dich nach
meinem Sehnen

Du bückst Dich nach
mir

Herumtreiberin

Ich treib mich herum
suche Glück suche Glas

Meine Füße
im Lehm alter Felder
auf kalten Schienen
im lüsternen Feuer

In Gassen
stellt man mir nach

Herumtreiberin ich

Es weint der Wind
um die Welt

Meine Füße
vor der Schwelle
Deines Hauses

Wie konnt ich Dich vergessen
wintermonatelang

Du öffnest die Tür
*Ich darf betreten Dein Haus**

*Ps 5,8

ICH BIN DA

Als Du mir Deinen Namen flüstertest
saß ich im Anemonenwald
Licht tropfte von jungen Bäumen
in meine verletzte Seele
Ich weiß Du flüstertest
ICH BIN DA

Du brülltest mir Deinen Namen zu
als die Injektionsnadel
den Krebskörper meines Vaters traf
Ich weiß Du brülltest
ICH BIN DA

ICH BIN DA
brennst Du in mein zagendes Herz
brennst Du
in meine schimmerlosen Visionen
ICH BIN DA
hältst Du mir vor
bei Tag und bei Nacht

Freches Gesicht

Wie hast Du Dir diese Welt gedacht
Hast Du überhaupt gedacht
oder ist Dir diese Welt herausgerutscht
Ein Ausrutscher in Deinem ewigen Kosmos
Zugegeben mit Schönheiten
aber entsetzlich grausam in der Natur
in uns Menschen

Soll ich Dir aufzählen was alles zum Himmel schreit
Willst Du das sehen oder ruhst Du in ewiger Ruhe

Ich rümpfe die Nase
Ich verziehe den Mund
*Mein freches Gesicht klagt Deine Augen an**

Hättest Du die Schöpfung nicht besser schöpfen können
ohne Kriege und Pandemien und Naturkatastrophen
ohne Neurosen und Doppelmoral und Missbrauch
mit mehr Gewaltlosigkeit
mit mehr Gerechtigkeit

Du überforderst uns mit uns
Du überforderst uns mit Dir
Merkst Du das nicht

*Jes. 3,9

Vom Aushalten

Erschrick nicht
über die Schwachheit meiner Gebete
und meine elende Verzagtheit

Du kennst die Kühnheit
meiner Sehnsucht nach Dir
Du kennst die Schönheit meines Herzens
und seine Fratzen die sich Deiner schämen

Halte mich aus
in meiner Brüchigkeit
Ich bin unstet wie der Wind im Wüstengras
und treu wie die Distel im Sand

Glaub an mich
in meinem Unglauben

Hiobin ich

Milben Verzweiflung
in meinem Haar
Meine Haut
im Fieber des Grams
Gelenke gelähmt
Lippen geschwollen

Hiobin ich

Haus ohne Dach
Stadt ohne Brot
Land ohne Licht
Meer ohne Maß

Hiobin ich

Du schälst meine Tränen
Du stößt Geröll
von meinem Weg
Du schenkst mir
Mut ein

Lebenlöser Du

Dir sing ich
staunend
ein wachsendes Lied*

*Ps 13,6

Fingernetze

Als ich übers Wasser ging
Aug in Aug mit Dir
schwiegen Schattenstimmen
In dunklen Tiefen
ließen Schwertfische von mir ab
brachen Schmerzwellen

Mein Haar streunte im Wind
Ich sang ein freies Lied
unerschrocken und hell

Als ich den Blick senkte
den Kopf wandte
mein Haar raufte
stürzte ich ab
in mein Geschrei

Doch Fingernetze
Deine Fingernetze
fingen mich auf*

*Mt 14,22-23

Im Morgenrot

Meine Seele schrie
auf trockengelegtem Grund
des Meeres
Gleitflug der Möwen
höhnte der Armut
meines Gekrümmtseins

Menschleib geworfen
auf alte Muschelbänke
auf Perlenstrände ohne Glanz

Du hast mein Rückgrat liebkost
und meine Flügel gespannt
im Morgenrot

Vom Suchen

Meine Finger
in Deiner Seitenwunde
im Stolpern der Alkoholikerin
im sterbenden Nussbaum
im Mobbing einer Seele

Meine Finger
in Deiner aufgeplatzten Seitenwunde
und ich suche
weiter und weiter und weiter
nach Dir
als zeigtest Du Dich nicht

Szenario

Wie
wenn ich schrie
und Du hörtest mich nicht
wenn ich mein Haar raufte
und Du sähest es nicht
wenn ich Dich meinte
und Du glaubtest es nicht
wenn mein Herz zerspränge
aus Liebe zu Dir
und Du kehrtest die Scherben
wie brüchigen Ton

Wie
wenn ich Dich anriefe
und Du wärest besetzt

Wie
sollt ich nicht
jämmerlich *welken**

*Psalm 6, 3

Vom Verbeten

Wenn mir Worte fehlen
für das
was in mir wildert
was in mir schmerzt
was in mir schreit

wenn mir Worte fehlen
für mein Freudenhüpfen
für meinen Ruhepuls
für meinen Freiflug

wenn mein Schweigen lodert
und mein Lodern schweigt
kennst Du kein Verbeten

Du lauschst hinter meine Worte
Du lauschst durch mein Schweigen
auf mich

Tätowierung

Du hast mich schon so oft gerettet
so unscheinbar unter meiner Haut
so unerklärbar für mich
so wirksam heilsam

Doch selbst
wenn ich Deine Hilfe gespürt hatte
vergaß ich Dich wieder

Im Eiscafé werden Schirme geklappt
Stühle gerückt und Tische abgewischt

Ich nehme mein Handy
steck es ins Seitenfach meiner Handtasche

Du fällst mir ein und wieder aus
Du fällst mir aus und wieder ein

Ich habe Dich noch immer nicht
in meine Seele tätowiert
Immer noch nicht

Krummweg

Der Abend reibt sich rot
zieht seine Blutspur
über das Feld

Unter Pappeln
zwischen Sträuchern
spitzsteiniger Krummweg

Hinkt meine Seele
zu Dir

II.

Von Schneeschmelze

Vom Heimweh

Es ist als käme ich von einer langen Reise zurück
Ich lege meine Handtasche auf mein Bett
und kauere mich in meinen Sessel
Dabei war ich immer hier
Das weiß ich genau
Vielleicht ist irgendetwas in mir verreist gewesen
Vielleicht meine Angst oder mein Mut
Vielleicht werden sie mir erzählen
was sie erlebt haben
Vielleicht auch nicht wenn ich mich nicht genug
dafür interessiere

Ich richte mich im Sessel auf
Vielleicht war mein Interesse an mir verreist
Ja mein Interesse an mir war verreist
weil ich es verhauen hatte
Mit bloßen Händen
Es stand im Weg und heulte
Ich hatte Wichtigeres zu tun
Ich musste für dich da sein und für dich
vor allem aber für dich und für dich

Ich stütze die Hände auf die Sessellehnen
Nein es war nicht verreist
Es war weggelaufen
Ich weiß genau
dass es mir den Rücken zukehrte und verschwand
Ich warf ihm seine Schuhe nach
Irgendwelche Sandalen mit Lederriemen
Dann war es leer in mir

Ich rannte durch Informationen und Statements
Ich tankte mich mit Mitleid voll und Parteinahmen
für alle möglichen Menschen und Konflikte
und Scheußlichkeiten dieser Welt
Doch es war leer in mir

Irgendwann fiel ich in ein Beet mit Federnelken
Mein Fuß war gebrochen ebenso mein Herz
Mein Gesicht lag neben meiner Handtasche
Wir hatten eine Unzahl zimtduftender Federnelken
plattgedrückt

In dieser Jämmerlichkeit fiel ich mir ein
Ich half mir hoch und klopfte mich ab
Ich dachte über mein Alter nach
und meine jungen Wünsche
streichelte meine Unrast
wie einen fremdartigen Gast

In meinem Sessel lege ich mein Gesicht
in meine Hände
Es ist als käme ich von einer langen Reise zurück
aus Heimweh nach mir
aus Heimweh nach Dir

Implantat

I

Vielleicht bist Du auf der anderen Seite
des Globus und wartest dort auf mich
Ich buche eine Weltreise
weil ich Dich finden möchte
Im Reisebüro stopfe ich
glänzende Prospekte in den Rucksack

Die Reise beginnt im Busbahnhof
Ich fahre los
fahre hierhin und dorthin
rieche Stoffe der Berber und Büschelwind
süße Schneeflocken
den Treibstoff startklarer Flugzeuge
und entdecke Dich nicht

Meine Haut wird trocken und schuppt sich
und die Wunde meiner Sehnsucht nach Dir
wuchert handtellergroß rot

Irgendwann werfe ich alle Prospekte
über die metallene Reling eines Frachtschiffs
und fahre nach Haus

II

In der runden Kapelle hinter dem Wäldchen
sitz ich abends auf zerschlissenem Sitzkissen
enttäuscht und verstört

Plötzlich hör ich meinen Namen
oder sind es nur die Sträucher
die an die Glasbausteine schlagen

Plötzlich erhalte ich ein Implantat
ohne Betäubung
schmerzhaft und freudenreich
Das Implantat Deiner Gegenwart

Du rufst meinen Namen
wieder und wieder
kratzend schleifend streichend

Du verbindest meine Wunde
Du verbindest meine Wunde mit Dir

Unsere Verbundenheit im Hier
Unsere Verbundenheit im Jetzt
Nirgendwo anders

Als meine Wunde nicht mehr schmerzt
zieh ich das Pflaster ab
erblicke Narbengewebe
feine Stickerei aus Haut und Trost und Liebe

Waches Sehnen

I

Waches Sehnen nach Dir
in meinem unruhigen Geist
Mein Herzensgebet
in der Frühe des Tages
Bläuliche Luft durchschimmert
schwarzes Geäst

Bin ohne Furcht
ausnahmsweise
Bin nicht mehr ängstlich
allem gegenüber
restlos allem gegenüber
selbst mir selbst gegenüber

II

Du heimliches Feuer im Wasser
Du unterirdisch Lodernder
Du über den Mirabellenbäumen

Ich mit offener Handtasche
Darin mein Fläschchen mit Parfum
Ich dufte nach Dir
nach Dir auf meiner Haut
Du duftest aufregend
Du loderst unter meiner Haut
Dein Hyazinthenduft ist frisch und ungestüm
Dein Duft in meiner Asche
Dein Schöpfungsduft

III

Du ziehst mich aus totem Sumpf
Du raunst in mein Ohr während wir tanzen
Meine toten Beine
wie sie schnellen und springen
weil Deine Hand so sanft
auf meinen Rücken liegt und Du mich führst
Du bringst mir den Himmel näher
mit blühenden Wolken und Leichtfliegern

Traum

Beim Aufwachen deutlich gehört *Ich bin eine …*
Gewusst Ja das stimmt
Doch dann entfällt mir das Wort
Der zweite Buchstabe war ein a
Ein eher kurzes Wort erinnere ich mich
Vielleicht *Ich bin eine Wagende*
Ich bin eine Wachsende
Beides zu lang

Irgendwann wird mir irgendwer das Wort zusprechen
und ich werde vor Freude erröten
und das ist für niemanden verständlich
nur für mich
Überhaupt diese stille verborgene Freude
die kenn ich seit längerem
lebendig und wärmend
Sie hat damit zu tun
mich nicht mehr dafür zu rechtfertigen
dass ich nach Dir suche
Weder vor mir noch vor anderen
Nicht mehr darüber irritiert zu sein
dass meine Suche nach Dir
für Viele lächerlich und abwegig ist
als ob es nichts Wichtigeres gäbe

Nein es gibt für mich nichts Wichtigeres
weil in Dir alles enthalten ist
Menschen die ich liebe und nicht liebe
Schönheit und Schrecken der Natur
Engagement und Gleichgültigkeit
Stimmigkeit und Verzweiflung
und weil Dein wachsendes

sich permanent ausdehnendes Universum
so aufregend unfassbar
so unfassbar aufregend ist

Da sitz ich in meinem alten Sessel
auf dem grauen Schonbezug
Sitze mit meinem kleinkarierten Hirn
mit meinem aufgeregten Gefühl
mit dem leeren Heft auf dem Schreibbrett
auf meinem Schoß
Wartend

Eine *Wartende*
Ich bin eine …
Da ist das Wort plötzlich da *Ladende*
Ist doch nicht so kurz
Ich bin eine Ladende
Wieder meine innere Zustimmung

Bleibt die Frage Was
Was lade ich

Ich lade mich
Ich lade mich auf
All die Entbehrungen der letzten Jahre
die Kälte die Verzweiflung die Finsternis
Meine so schwach gewordene Lebenskraft
lädt sich auf
spürbar und langsam

Vielleicht
weil ich das Aufladen endlich geschehen lasse
Mich nicht dagegen wehre
Also ohne meine Besserwisserei
Ohne mein Machtgeplänkel oder 1000 Ablenkungen
Ohne Ansprüche und Erwartungen

Ich bin eine Ladende
Das ist es
Das stimmt

Und Du gibst den Strom
Du überströmender Gott
Du überströmender Gott mit Deinem fließenden Licht
mit Deiner fließenden Liebe

Ich will an Dir angeschlossen sein
Ich will an Dir angeschlossen bleiben

Gottesanbeterin

Ich bin eine Gottesanbeterin
mit Schreitbeinen und Fangbeinen
In meinem Inneren wohnt Dein Funke
Dein Funke der in mir glimmt
seit ich Dich als junger Mensch erfahren habe
Damals in der kleinen Kapelle weißt Du noch
da hast Du Deinen Funken in mich gelegt
Ich dachte erst probeweise
Ich wusste nicht ob ich gemeint sei
ob alles nicht ein Versehen sei
auch meine spontane Lust an Dir
meine unbändige Lust
mein Leben von Dir durchwürzen zu lassen

Und Du lässt mich nicht los
Immer wieder ziehst Du mich
zu Dir hin
entfachst Dich ständig neu in mir

Doch stolpere ich ruhelos
über meine Schreitbeine
Doch umklammern meine Fangbeine
meine unlösbaren Fragen
meine Ansprüche an Dich
Sie sind voll von all den Götzen
die Du am meisten verabscheust
Misstrauen Dir gegenüber
und Zweifel an Deiner Liebe

Ja Du hörst richtig und Du weißt darum
In den Dornen meiner Fangbeine halt ich
meine feiste Beute fest
schenk ihr mehr Aufmerksamkeit als Dir

Meine Götzen glänzen wie das Goldene Kalb
meine Schnitzbilder
Holzbilder
Steinbilder
all die Fetische meines Unglaubens
die sich im Land meines Alltags
vor mich hinstellen sich aufblähen
und Dich mir verstellen

Gottes Herrlichkeit

Ich kenne die ganze Erde nicht
Ich kenne vielleicht dieses Stückchen Rasen
mit seinen zerzausten Halmen
zwischen die sich Trippelschritte der Ameisen eingraben
und sehe wie das Kind staunend mit seinen Fingerchen
die Halme teilt um das Geheimnis zu ergründen
das wir dumpf Erde nennen
als ob es kein weicheres Wort dafür gäbe
was werdend sich ereignet

Und Deine Herrlichkeit wohnt in der Schönheit
im blassen Gesicht der jungen Frau
auf der Entbindungsstation
Sie ist sich noch nicht bewusst
dass sie gerade einen Menschen geboren hat
wohnt lächelnd im heiligen Moment
zwischen Bisher und Nun
Diese stille Zwischenstatt ist Wohnraum
Deiner Herrlichkeit

Genauso wie das Verneigen des alten Mönches
vor den Ulmen im Park seines Klosters
hinter dem Wäldchen
Man sieht ihn dort oft stehen
Vögel kennen ihn und Eichhörnchen
und manchmal hebt er die Hand zum Gruß
Er schreibt auf einer Steinbank sitzend
täglich Gedanken in ein Heft
Er gibt das Heft nur Dir zu lesen

Er schreibt von der Fülle Deiner Schönheit
und manchmal weint er leise

Und Deine Herrlichkeit füllt die Ozeane
mit ihren verborgenen Welten und Gesängen der Wale
füllt das ganze Füllhorn Deiner Schöpfung

Und ich schaue Dich
mit offenen Augen
mit geschlossenen Augen
in jedem Moment des Friedens in mir

Strahlentherapie

Auf der kalten Liege in der Strahlentherapie
fiel mir gleich bei der ersten Bestrahlung
Psalm 23 ein wie ein bestimmter Ton
der nur auf seinen Einsatz gewartet hatte
Und dann sechsundfünfzig Tage
minutenlang immer Psalm 23
Er reichte genau für eine Strahleneinheit

Jedes Mal wenn die Maschine
mit ohrenbetäubendem Lärm
ihre Arbeit aufnahm
sprachst Du langsam und deutlich
Zeile für Zeile in mir

Der Herr ist mein Hirte
mir wird nichts mangeln
Er weidet mich auf grüner Aue
und führt mich zum frischen Wasser

Er erquickt meine Seele
und leitet mich auf rechter Straße
um seines Namens willen

Und ob ich schon wanderte
im finsteren Tal
fürcht ich kein Unheil
denn Du bist bei mir
Dein Stecken und Stab trösten mich

Du bereitest vor mir einen Tisch
im Angesicht meiner Feinde
Du salbst mein Haupt mit Öl
und schenkst mir voll ein

Güte und Barmherzigkeit
werden mir folgen mein Leben lang
und ich kann bleiben im Hause des Herrn
immerdar

So sprachst Du in mir für mich
langsam und deutlich
sechsundfünfzig Tage lang
mit stoischer Gelassenheit
so völlig unaufgeregt

Wenn die Bestrahlung zu Ende war
stand ich auf und zog
mein Handtuch mit den Seepferdchen
von der kalten Liege
Eine Krankenschwester
brachte mich zur Tür
Außen hing das Schild
EINTRITT VERBOTEN
LEBENSGEFAHR

Einmal habe ich auf der Liege geweint
Das war genau an der Stelle
im Angesicht meiner Feinde
Ich lag auf dem Rücken
und spürte deutlich
wie kleine runde Tränen
meine Wangen hinunterliefen
Kleine Backwaren aus Traurigkeit

Da reichtest Du mir Deinen Stab
aus Mut und Zuversicht
Du schaffst das rauntest Du mir zu
in all dem ratternden Getöse

Draußen auf den Korbstühlen
im Wartebereich saßen
die Nächsten
Eine Frau sprach nur von Ananas
In einem Aquarium schwammen
schwarze Fische
Sonst gab es zerlesene Zeitschriften

Wenn ich an manchen Morgen jammerte
Ich will nicht mehr
ich kann nicht mehr
sagtest Du sofort
Ich bin bei dir
Raff dich auf
Ich meine sogar dass du brülltest
also sehr energisch warst

Und es war mir
als ob meine Seele keine andere Wahl hätte
als sich Dir völlig zu überlassen
sich Dir völlig hinzugeben
wie in einem intimen Tanz
Und ich fürchtete mich nicht

Schneeschmelze Vertrauen

I

In der Kühle der alten Abtei
saßen wir beiden Hand in Hand
Die Holzbänke vor uns waren leer
Neben dem Altar stand eine Vase
mit einem Strauß Astern
Die Uhr an seinem Handgelenk tickte leise
Ich strich über die Narbe an seinem Daumen
Wir saßen lange Zeit so Hand in Hand
Es gab nichts anderes zu tun
Es gab nirgendwo anders zu sein

II

Am Bahndamm blühte Mohn
Das Getreide war abgeerntet
Schwalben durchstreiften
die Sommerluft wie flüchtige Noten

Am Bahndamm waren wir oft
dachten nie dass wir uns verlieren könnten
Doch er musste aufbrechen in unbekanntes Land

Ich hockte lange Zeit allein am Bahndamm
strich über Mohn und alte Träume
Keine Angst vor den Zügen
Keine Angst vor Verlorenheit
Nur vor der Unabwägbarkeit
dem Ungefragtsein
dem Einwilligenmüssen

III

Am Bahndamm welkte Mohn
In der Abtei standen Gerüste
Bauarbeiten hatten begonnen

Schon lange hieltest Du
mir Dein Geschenk entgegen
doch konnte ich es nicht auspacken
Ich fand keinen Anfang
Nur wenn ein Dieb daran knüpfte
schrie ich auf
Dein Geschenk war nur für mich

IV

Doch eines Tages bin ich mit Dir
auf einem Hügel am Weiher
Es ist Winter
Es ist kalt
Du wischst meine Tränen ab
legst Dein Geschenk in meine offenen Hände
Ich packe es aus
Langsam und vorsichtig
Es ist das Geschenk Deiner Gegenwart

Ich schüttele ungläubig mein Haar
So einfach ist das
So einfach bist Du
So einfach bist Du da
Du nickst
Wir lächeln
Beide

V

Oh Ja
dieses große Ja
dieses erstaunte Oh Ja
damit kann ich wieder leben
Kann wieder gehen wohin ich will
Kann ertragen was ich sehen muss
Kann einwilligen in das was ist

Ein Kranich breitet seine Flügel aus
nimmt die vermaledeiten Fragen mit
Einfach mit
Oh Ja

VII

Und ich hocke am Bahndamm
im schmelzenden Schnee
Und ich sitze in der alten Abtei
in der Stille
Ruhe und Frieden bewohnen mich
Ich verlasse mich auf Dich
Du weißt was ich brauche
um mein Leben leben zu können
Vertrauen
Vertrauen in Dich
Vertrauen in Dich in allem

III.

Vom Heimkommen

Unerwartet

Es gibt mein Heimkommen
unerwartet
Die Luft voll wippender Vögel
Der See ein grauwollenes Tuch
Ich seh den knospenden Birnbaum
mit seinen knorrigen Ästen

Es gibt mein Wissen
unerwartet
dass aller Schmerz sich trägt
in Deiner Achtsamkeit

Mutherz

Der junge Morgen träumt von der Sonne
In alten Häfen warten Schiffe

Ich geh durch mein Leben
mit Taschen voll Erfahrung
Mein Mutherz hämmert

Wild wirbeln Vögel im Aufwind
Die Sonne steigt auf die Berge

Ich löse meine Zweifel
Ich hülle mich in Deinen Tau
Ich trinke Dein Licht

Gotteskammer

Seit acht Uhr vierzig
wohne ich im Geheimnis
mit neuer Adresse

Ich habe die Tür entdeckt
die Tür geöffnet

Im Geheimnis
ist der Tisch für mich gedeckt
mit Brot und Wein
Wilde Tiere
liegen mir zu Füßen
und Liebe umsorgt mich
Mein Blick durchs Fenster
führt ins Weite

Seit acht Uhr vierzig
habe ich alle Umwege aufgegeben
bin umgezogen
in die Gotteskammer
in mir

Chancen

In meiner Gotteskammer
wärmen Schirmlampen
und die Fußbodenheizung

Leere und Stille summen

In einem irdenen Krug
blühen Zweige

Vor den bodentiefen Fenstern
schält sich Landschaft
aus der Nacht

Ich trinke Grüntee
mit meinem Morgenmund

In meinem Morgenherzen
fahren Deine Wägelchen
mit gewendetem Heu

Vom aufrechten Gang

An einem Septembertag
mein Kindergetrippel aufgegeben
Auch meinen Tunnelblick
und meinen drückenden Seesack

Auf der Uferpromenade
zwischen Pinschern und Joggern
Fahrrädern und Verkehrszeichen
langsam den aufrechten Gang geübt

Wieder und wieder
meinen Körper aufgerichtet
mein Herz gesalbt
meinen Blick geweitet

Mildes Licht über dem Fluss
liebkost die Auen
die Wälder
die Altstadt

An einem Septembertag
meinen Selbstgang geübt
schmerzensreich
auf der Uferpromenade
gesegnet

Mutterschoß

All mein Dunkel
meines Herzens Abfall
bette ich in Dir

Nicht ich
kann mich erhellen
kann meine Wege
ebnen zu mir

In Dir
habe ich mich geborgen
in der Wiege
Deines Erbarmens
in Deinem Mutterschoß

Vom Eigenwinkel

Im fließenden Buntlicht
des Seitenschiffs
im Eigenwinkel sitzen

Ich höre das Knistern der Mäuse
Ich spüre mein Kreuz

Du und ich
wir schweigen

Lebenstischtuch

Mein Leben Dir hingehalten
mein Webwerk
Knüpfwerk
Stückwerk

Mein Leben vor Dir ausgebreitet
mit linker Hand
Fremdtun
so ungewohnt

Mein Lebenstischtuch

Sag nichts
*Schau**
schau mit mir

*Ps 139,3

Halme aus Trost

In der grünenden Landschaft
mit beiden Händen
Büschelbündel aus Gram
schluchtwärts geschleudert

Unter dem Pilgerbaum
im Narzissennest
ein Stundenbuch entdeckt
ein Gärtchen von Dir

Mein hartes Wintergesicht
ins helle Licht gelegt
mein hartes Winterherz
zwischen Halme aus Trost

Vielleicht ist alles ganz einfach

Lebenslust

Um Hals und Hände
Nabelschnüre geschnürt
um meinen Leib
Strickgarn mehrfach
Stickgarn

Mumie reglos

Mit Deinen leisen Fingern
Vorsicht um Vorsicht
mit Deinen äußersten Augen
mich entbunden

aus Lust*
aus purer Lust
aus purer Lebenslust
an mir

*Ps 18,20

Altstadt

Mein Sturzbach meine Sehnsucht
durch Winkelgassen
hintreibend zum Bauernmarkt
am Rathaus

Ranuncula orangerot
in Weidenkörben
Grünkörper üppig

Dein Herzstand
inmitten
Deine Liebesstimme

Osterglocken Hyazinthen
in Weidenkörben
Blumenkohlköpfe

In einem großen Sonnenblühn
die Geste Deines Lichts
eh Mittagsregen tropft

Vom Weiden

Warum schließe ich so oft die Augen?
Bin ich des Sehens müde?
Bin ich des Suchens müde?

Ich sitze im Zugabteil
Ich sitze unter dem alten Baum
Ich sitze im Kirchenraum
Ich sitze im Café
Ich sitze am Fluss

Was sehe ich?

Alles sagst Du leise
Du weidest meine Augen

Wilder Honig

Ich Grünbaum
an Astspitzen neue Triebe
erwartungsscheu

Meine Siechwurzeln
Wassertaster einst
im kargen Boden
Wassersucher einst
im losen Sand

Du fülltest das Erdreich
mit Goldsaft
Die Risse meiner Borke
salbtest mit wildem Honig
Du

Im hohen Alter noch*
will ich ein hohes Lied
Dir singen
Deine zärtlichen Hände preisen
die Du mir angelegt

*Ps 92,15

Vom Gnadenschwimmen

In Deinem perlenden Meer
mit schüttelndem Schaum

in Deinem ausgelassenen Wasser
aus funkelndem Licht

in Deiner nassen Umhüllung
in Deinem Liebesleben
schwimm ich nackt
in Deiner Gnade

Vom Auferstehen

Aus meinem gerodeten Garten
ohne Schritte
ins ganz Andere schreiten
in ein Sonnenaugenfeld
vielleicht

mit meinem Selbstleib
voller Narben
voller Blüten
mit meinem Mandelherz
mit meinen Herzsplittern

Deine Wandelsicht
schält mich aus mir
ergänzt mich ewig
mit meinen Lebenslieben
mit Deinem Liebesdu